Edwin Rohrer
Suchen/Sammeln/Gestalten

Edwin Rohrer

Suchen
Sammeln
Gestalten

Kreationen mit Fundsachen
aus der Natur

Fischer-Verlag, Münsingen-Bern

Kreationen und Fotos: Edwin Rohrer, Solothurn
Lektorat: Walter Allemann
Gestaltung: Volker Dübener
Satz und Druck: Fischer Druck AG, Münsingen
Lithos: Aberegg-Steiner AG, Bern
Einband: Schumacher AG, Schmitten

© 1990 Buchverlag Fischer Druck AG
CH-3110 Münsingen-Bern
Alle Rechte vorbehalten
ISBN 3-85681-233-4

Meiner Frau Magdalena Maria gewidmet

IɴʜᴀʟᴛsÜʙᴇʀsɪᴄʜᴛ

Dieses Buch möchte Möglichkeiten aufzeigen, die Ferien- und Freizeit sinnvoll und inhaltsreich zu verbringen. In der Natur können wir uns erholen und dem Alltag entfliehen. In jedem Menschen steckt viel Kreativität, die oft genug nicht ausgelebt werden kann. Die Anregungen in Bild und Wort möchten Wege aufzeigen, auf sinnvolle Art der Natur zu begegnen. Die in der Natur gefundenen Werkstoffe werden zu Gestaltungen benutzt.

Wenn wir mit der Absicht, etwas zu *suchen*, in der Natur verweilen, so bewegen wir uns anders als beispielsweise ein Wanderer. Es ist nicht die Absicht, in einer bestimmten Zeit an einen bestimmten Ort zu gelangen. Wir sind darauf bedacht, zu schauen, zu entdecken und zu finden. Etwas zu finden, was anderen vorenthalten blieb, ist ein uralter Trieb im Menschen. Mit diesem Ergehen verbindet sich noch das vertiefte Kennenlernen einer Gegend. Wir beobachten aufmerksam Pflanzen und Landschaft und nehmen so die Eindrücke in uns auf.

Man kann aus verschiedenen Gründen *sammeln*:
— weil wir an einer Blume oder an Kräutern Gefallen finden,
— weil wir uns an einen besonderen Tag erinnern möchten,
— weil wir etwas zum erstenmal sehen,

- weil wir zu Hause den Namen bestimmen wollen,
- weil wir das Gesammelte als Heilmittel brauchen oder essen wollen, zum Beispiel Kräuter, Beeren, Pilze,
- weil es uns einen Nutzen bringen kann, beispielsweise Hölzer, Steine, Kristalle, Versteinerungen,
- weil wir das Sammelgut zu einer Komposition verwenden.

Sammeln darf nichts mit Raffen zu tun haben. Wir wollen nichts zerstören, sondern behutsam das Schönste aussuchen und dann auch verwenden. Wir wollen keinen Schaden anrichten, sondern uns so verhalten, dass wir immer wieder zurückkehren dürfen. Seltene oder gar geschützte Pflanzen sind zum Anschauen oder zum Fotografieren da und werden am Ort belassen. Beim Suchen und Sammeln entwickelt sich manchmal eine Idee, was mit diesen Fundsachen verwirklicht werden könnte. Wenn eine Idee gereift ist, geht man beim Sammeln ganz gezielt vor.

Kinder, welche mit Sand, Steinen, Holz und Blättern eine Landschaft formen, bilden mit vorhandenen Werkstoffen etwas Neues. Sie *gestalten* frei, je nach Sinn und Begabung. Schüler fühlen sich spielerisch in die Erwachsenenwelt ein. Sie suchen, finden, gestalten und bestimmen mit Hilfe des Lehrers beispielsweise aus Teilen der Rottanne (Picea abies) Wurzeln, Holzteile, Rinde, Zweige, Zapfen, Schuppen, Samen. Alsdann bemüht man sich, eine inter-essante Collage zu bewerkstelligen. Erwachsene durchstreifen in Ruhe und Beschaulichkeit die Natur. Beim Schauen und Suchen entdecken sie Pflanzenteile, die beim Gestalten die Kreativität anregen. Beim Gestalten werden Fundsachen persönlich geordnet und in einer neuen Form zur Darstellung gebracht. So werden «wertlose» Gegenstände durch Ordnen und Formen zu einem Werk verdichtet. Beim Betrachten werden wir über lange Zeit an die Finderfreude und den schöpferischen Weg erinnert.

In diesem Buch werden bewusst neue Gestaltungsarten gezeigt. Es sind dies Collagen, Ornamente, Objekte, Strukturen. Einige Beispiele befassen sich mit dem «Zeichen in die Landschaft setzen». Dies sind Gestaltungen, am Fundort geordnet und belassen. Der geneigte Betrachter stellt fest, dass hier jemand war, der ihm eine Freude machen wollte. Vielleicht wird der Gestalter zu einem späteren Zeitpunkt einen Augenschein nehmen, um zu schauen, wie das Werk aussieht. Das Thema und der ideelle Hintergrund dieses Buches sind neu. Es gibt keine gleichartige Publikation. Schüler, Freizeitgruppen und Familien finden entsprechende Impulse zur Bewerkstelligung interessanter Kompositionen. Für Floristen ist das Buch eine Fundgrube von Ideen. Die Vorlagen lassen sich beliebig auch mit anderen Werkstoffen ausführen.

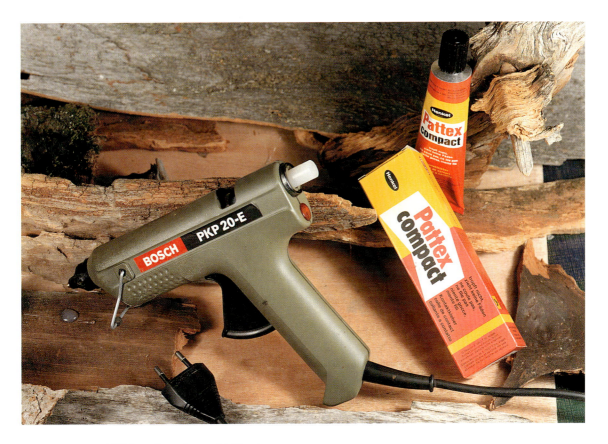

Hilfsmittel und Werkzeuge

Fast alle in diesem Buch gezeigten Arbeiten sind geklebt. Seit Jahren kennen wir die *Klebepistole* oder den Schmelzkleber als beste Arbeitshilfe. Ein Kunststoffstab wird auf 200 °C erhitzt, er tritt geschmolzen und dosierbar aus der Düse. Der flüssig gewordene Kleber füllt, kittet und klebt schnell, da er nur noch erkalten muss. Verschiedene Firmen bieten Klebepistolen in unterschiedlichen Grössen an.

Wer sich noch keine Pistole anschaffen will, kann mit dem *Kontaktkleber* aus der *Tube* arbeiten. Dieser ist sehr klebefähig und bleibt elastisch. Es dauert nur etwas länger, bis der Leim abbindet, fest wird. Wer mit Kindern gestalten möchte, sollte nur mit Kontaktklebern umgehen. Bitte wegen des Geruchs genügend frische Luft in den Raum lassen.

Wir brauchen nur wenig Werkzeug. Das meiste ist sicher schon vorhanden:

Ein *Messer,* um Stiele zu schneiden und altes Holz auszuputzen, ein *Bohrer,* um zwei kleine Löcher in die Unterlage zu bohren, damit die Drahtschlaufe als Aufhänger angebracht werden kann. Mit der *Beisszange* wird der Draht verdreht. Eine *Bürste* brauchen wir, um altes Holz, Rinden und Wurzeln zu reinigen. Die *Schere* zerkleinert Werkstoffe, Drähte und kürzt Stiele. Eine *Raspel* entfernt schwammiges Holz, damit die Klebestelle fest und sauber ist.

Sammeln, pflegen, ordnen, lagern

Beim *Sammeln* ist es vonnöten, die Natur zu respektieren. Wir nehmen also nur so viel Werkstoffe mit uns, wie wir verwenden können. Schon am Fundort reinigen wir Wurzeln, Rinden und altes Holz oberflächlich. Somit können wir die Form des Sammelgutes besser beurteilen. Ausserdem haben wir weniger Gewicht zu tragen. Blumen, Disteln, Gräser und Fruchtstände werden so langstielig geschnitten, wie sie benötigt werden. Dass alle geschützten Blumen respektiert werden, versteht sich von selbst.

Die *Pflege* zu Hause beginnt damit, dass wir das Sammelgut in flache Kleiderkartons legen, um uns eine Übersicht zu verschaffen. Damit wird das Trocknen erleichtert. Holz, Wurzeln und Rinden dann mit der Bürste gut reinigen, nötigenfalls im Wasser fegen. Blumen, Fruchtstände, Gräser und Zweige werden mit einem elastischen Band gebündelt und an einem warmen Ort – mit dem Kopf nach unten – aufgehängt. Auf diese Weise können krumme Stiele beim Trocknen verhindert werden. Die Blumen werden im schönsten Stadium geschnitten. Fruchtstände sollten ausgereift sein, das heisst von Grün auf Beige überwechseln. Blätter und Farne werden zwischen etwa vier Schichten Zeitungen oder Fliesspapier ausgelegt und schwach belastet. Damit bleibt während des Trocknens die Blattstruktur erhalten. Nach einigen Tagen sollten die feuchten Zeitungen durch neue beziehungsweise trockene ersetzt werden.

Wir *ordnen* die Werkstoffe nach Art und Grösse. Dabei ist unser Vorstellungsvermögen von Bedeutung. Als Ratschlag darf vielleicht erwähnt werden, dass sich durchsichtige Plastiksäcklein gut eignen, um das Sammelgut ordentlich aufzubewahren. Wenn wir nicht gleich eine Gestaltung beginnen, versorgen wir die Plastiksäcklein in beschrifteten Schachteln. In diesen können die Werkstoffe beliebig lange *gelagert* werden. Voraussetzung dazu ist ein trockener Raum.

Gartenblumen

Warum beginnen wir in diesem Buch mit den *Gartenblumen?* Der Garten ist uns am nächsten, und Gartenblumen sind dank der Züchterarbeit farbig und lange haltbar. Die Wildformen, welche wir sammeln dürfen, sind vergleichsweise bescheiden von der äusseren Erscheinung her. Sie bekommen erst in der Gestaltung ein neues Eigenleben. Getrocknete Gartenblumen sind vielen Blumenliebhabern bekannt. Es handelt sich dabei nicht um einheimische, sondern um Blumen und Pflanzen, die in südlichen Regionen als Wildformen gedeihen. Die besondere Form und die markanten Farben dürften wohl den Anreiz zur Veredelung gegeben haben. So sind denn auch viele unserer Wildblumen als Zuchtformen in unsere Gärten gelangt. Ein Beispiel: die Alpendistel, Eryngium alpinum.

Reichhaltige Gärten wie zum Beispiel der sommerliche Bauernhausgarten im Emmental *(Seite 14)*, der gepflegte Staudengarten im Misox in der Nähe von Grono *(Abb. 7)*, der klassische Bauerngarten mit Ornamenten, in Buchsbaum eingefasst, in Kirchberg bei Bern *(Abb. 8)* und der alpine Staudengarten bei Zuoz im Oberengadin *(Abb. 9)* lassen sich überall finden.

Abb. 7

Abb. 8

Abb. 9

Abb. 10

Geeignet für das **Ornament als Fensterschmuck** sind Staudenmohn, Papaver orientale; Gartenhortensie, Hydrangea macrophylla; gelber, gepresster Ginkgo, Ginkgo biloba *(Abb. 10)*. *Arbeitsvorgang*: Drei starke Kontrastformen bilden ein ovales Ornament. Auf eine rechteckige Sperrholzplatte werden die äusseren zwölf Mohne geklebt. Es folgt der Rand mit den Ginkgoblättern und Bartflechten. Das Zentrum wird leicht erhöht angeordnet, wobei erst die Hortensienblumen und alsdann der Mohn geklebt wird.

Für das **monstranzförmige Gartenblumenornament** werden auf einer runden Scheibe die grünen Amaranthus genau mit dem Stielende auf den Mittelpunkt der Scheibe aufgeklebt *(Abb. 11)*. Auf den Rand der Scheibe wird sorgfältig ein Kränzchen mit Hortensienblumen angebracht. Ein ausgesuchter Maiskolben mit schönen zugeschnittenen Blättern wird, sichtbar nach vorne abgesetzt, eingeklebt. Damit die Maisblätter flach bleiben, werden sie auf der Rückseite gut mit Klebstoff verstärkt. Wird eine Gestaltung als Aussenschmuck verwendet, übersprühen wir die Vorder- und die Rückseite mit einem Mattlack.

Das Ornament als Schmuck

Als Ornament bezeichnet man eine geometrische oder vegetabile Form an einem kunstgewerblichen oder architektonischen Gegenstand. Seit der Jungsteinzeit weit verbreitet, ist die im wesentlichen «anonyme» Kunstform des Ornaments zugleich der Träger und die Folge des historischen Bewusstseins. In historisch «wachen» Zeiten erfolgte deshalb ein rascher Wechsel der Formen, im Gegensatz zu beharrenden Kulturzuständen mit langsamem Wechsel. In Kulturkreisen, die eine figurale Kunst nicht erlauben, zum Beispiel im Islam, ist das Ornament die einzige künstlerische Ausdrucksmöglichkeit.

Das **quadratische Ornament als Hausschmuck** passt gut zur aufgemalten Girlande *(Abb. 12)*. Gut eignen sich dazu Kugeldisteln, Echinops ritro, mit blaugrünem Zentrum; grüne Fuchs-

Abb. 11

Abb. 12

Abb. 13

schwänze, Amaranthus paniculatus; die blauen Beeren der Mahonie, Mahonia aquifolium; stark rosafarbene Gartenstrohblumen, Helichrysum bracteatum.

Arbeitsvorgang: Auf eine quadratische Sperrholzplatte im Format von 40 × 40 cm eine Scheibe Oasis sec (Kunststoffschaum) aufkleben und mit Flachmoos abdecken. Aussenformen auf das Holz kleben, Zentrum gestaffelt aufstecken. Zuletzt Strohrosenrand auf zwei Ebenen aufkleben.

Rosette bedeutet Blume, das heisst Sinnbild des krönenden Abschlusses des Wesentlichen. Ein **Rosettenornament mit quadratischen gelben Feldern** wird aus Karden, Dipsacus sylvestris; Sonnenblumen, Helianthus an-

nuus; gelben Gartenstrohblumen, Helichrysum bracteatum; hergestellt *(Abb. 13)*.

Arbeitsvorgang: Dreimal zwölf Karden, verschieden lang, auf einer runden Scheibe mit zirka 43 cm Durchmesser (Strohteller) befestigen. Die Sonnenblumenböden dreifach übereinander zum Kranz kleben. Im Zentrum die Strohblumen halbkugelig anordnen.

Abb. 15

Abb. 14

Von den Hauszeichen inspiriertes **freies Ornament** *(Abb. 15)*. Hauszeichen sind meist Kerbschnitzereien an vielen Häusern der Alpen. Hauszeichen setzen sich oft zusammen aus den Anfangsbuchstaben des Erbauers. Oft sind auch religiöse Symbole Inhalt der Hauszeichen. Sie sollen die Bewohner des Hauses schützen. Das Ornament existiert in 70 × 40 cm. Gut geeignet dazu sind Sonnenblumen, Helianthus annuus; Weissmoos, Leucabryum glaucum; Grauflechten, Everina prunastri. Sonnenblumen in einem emmentalischen Bauerngarten *(Abb. 14)*.

Abb. 16

Als Variante eine **Sonnenblumencollage auf einem Kupferblech** *(Abb. 16)*. *Werkvorgang*: Sonnenblumenstiele in spannungsvollen Gruppen vertikal und horizontal aufkleben. Die grossen

Sonnenböden werden als Schwerpunkte plaziert. Mittlere und kleine Sonnenblumen erweitern. Zuletzt werden die Blätter sorgfältig aufgeklebt. Ein farblich abgestimmter Hintergrund erwei-

tert die Harmonie der Gestaltung. Die
Collage hat ein Format von 50 × 30 cm.

Dieses **quadratische Ornament**
(Abb. 17) besteht aus fünf grossen Kol-
ben Mais, Zea mays; vier Querschnitt-
scheiben Mais, Zea mays; vier ganzen
Rispen Hirse, Shorghum durra; acht
Magnolienblättern, Magnolia
grandiflora.
Werkvorgang: Quadratische Unterlage, 40 × 40 cm, mit Aufhänger versehen. Werkstoffe von aussen nach innen aufkleben, zuletzt Mittelmais.
Symbole: Zahl Acht. Die Zahl der
Hauptwindrichtungen der Windrose.
Quadrat. Eines der häufigsten symboli-
schen Zeichen. Statisches, undynami-
sches Verhalten wird damit zum Ausdruck gebracht. Sinnbild der Erde im
Gegensatz zum Himmel.

Für diese **Rosette mit Mais und Weizen**
sind orangegelber Mais, Zea mays;
dunkelroter Erdbeermais, Zea mays;
Saatweizen, Triticum aestivum; gut
geeignet *(Abb. 18)*.
Werkvorgang: Kupferscheibe oder
Korbteller (Durchmesser 40 cm) mit
Aufhänger versehen. Zwölf Büschel
Weizen in gleichen Abständen aufkle-
ben. Ebenso sechsmal drei Erdbeer-
mais und sechsmal Mais mit geöffne-
ten Deckblättern.
Symbole: Wie der Kreis ist auch die
Scheibe das Sonnensymbol. Blume
(Rosette) ist das Sinnbild des krönen-
den Abschlusses des Wesentlichen.

Abb. 17

Abb. 18

Abb. 19

Abb. 20

Abb. 21

Für dieses **Ornament mit südlichem, klassischem Ausdruck** *(Abb. 21)* eignen sich gut Magnolienblätter, Magnolia grandiflora *(Abb. 19)*; Edelkastanien, Castanea sativa *(Abb. 20)*. Diese Werkstoffe wachsen in den Südtälern und im Süden der Alpen. Die Kastanien wachsen wild und in Gärten, während die Magnolien als Garten- und Parkschmuck häufig anzutreffen sind. Diese Gestaltung im Format 60 × 30 cm sollte stellvertretend sein für eine Fülle von Möglichkeiten, welche uns Pflanzen aus dem Süden zu bieten haben.

Werkvorgang: Schlankes Oval aus Karton oder Sperrholz schneiden. Die Mitte mit Punkt markieren. Auf diesen Punkt laufen alle Mittelachsen der Ma-

Abb. 22

gnolienblätter. Die Kastanien werden in der Mitte in drei Schichten aufgeklebt

Auf dem runden Taufstein in der romanischen Kirche von Clugin (Graubünden) steht dieses **flammende Magnolienarrangement** *(Abb. 22)*. *Werkstoffe*: Magnolia grandiflora – Fruchtstände und Blätter. Radial gestecktes Arrangement in klassischer symmetrischer Form. Die Beachtung

der meist krummen Stiele haben die flammende Form der Gestaltung ergeben. Die Übereinstimmung von Standort, Grösse, Form und Farbe ergibt einen harmonischen Dauerschmuck.

Das *Blatt* gilt als allgemeines Symbol des Pflanzenreiches und ist weit verbreitet in der Ornamentik.

Die *Frucht* ist das Symbol der Reife, der abgeschlossenen Entwicklung.

Abb. 23

Abb. 24

Grün-rosafarbene Gartenhortensien, Hydrangea macrophylla; weisse Stechäpfel, Datura stramonium; hellblaue Edeldistel, Eryngium planum; orange Gartenstrohblumen, Helichrysum bracteatum; blaue Staticen, Limonium sinuatum; Rinde des Vogelbeerbaumes, Sorbus aucuparia; eignen sich gut für diese **Collage auf Schindelaufbau** *(Abb. 24).*
Werkvorgang: Schindeln zusammenkleben (wie auf der folgenden Seite besprochen wird). Mit dünnen Rinden des Vogelbeerbaumes, der Birke oder anderen Rinden abdecken. Werkstoffe gruppiert aufkleben. Interessierte können die Werkstoffe anschreiben, wie dieser Ausschnitt zeigt *(Abb. 23).* Schüler und Lehrlinge bekommen so einen neuen Bezug zu den Werkstoffen. Bei grossen Collagen wie dieser im Format 55 × 42 cm können mehr Trockenblumen verwendet und angeschrieben werden. Somit lernt man leicht und unterhaltsam.

Schindeln für den Aufbau dieser **Gartenblumencollage auf Schindeln** *(Abb. 27)* bekommt man beim Dachdecker. Wir können damit die verschiedensten Aufbauten kleben. Der Phan-

Abb. 25

Abb. 26

Abb. 27

tasie sind keine Grenzen gesetzt, zumal das Format von 100 × 80 cm grosszügig bemessen ist. Beim gezeigten Aufbau wurden die Schindeln erst gelegt und geklebt. Anschliessend die Schindeln der Länge nach aufspalten, dann auf die Kante kleben. Um die dritte Dimension zu betonen, kommen über die gestellten Teile nochmals liegende Schindeln *(Abb. 25)*.

Werkstoffe: Sehr gut geeignet sind hellgrüne Elfenbeindisteln, Eryngium giganteum; hellblaue Kugeldisteln, Echinops ritro; blauer, weisser und rosa Gartenrittersporn, Delphinium ajacis; grün-rosafarbene Jungfern im Grünen, Nigella damascena; beiger Schlafmohn, Papaver somniferum; dunkelbraune Rudbeckie, Echinacea purpurea; weisse Fruchtböden, Callistephus chinensis.

Arbeitsvorgang: Vorhandene Werkstoffe zu Farbgruppen ordnen. Die kleinen Werkstoffe zu Büscheln binden. Die Blumen auf Unterlage legen, damit die beste Gruppierung gefunden werden kann. Die Blumen werden stehend und liegend angeordnet. Erst kleben, wenn man von der Einteilung überzeugt ist *(Abb. 26)*.

Abb. 28

Abb. 29

Für das **Arrangement im Setzkasten in Parallelstecktechnik** wurden gelbe Schafgarben, Achillea filipendulina; orange Rosen; rosa Hybriden; blaue Staticen, Limonium sinuatum; rosa-grüne Gartenhortensien, Hydrangea macrophylla; Staudenmohn, Papaver orientale; Tulpen, Tulipahybriden; Malven, Malva alcea; grün-rosafarbene Jungfern im Grünen, Nigella damascena; Stechäpfel, Datura stramonium; verwendet *(Abb. 28)*. In den anderen Gehältchen sind Nüsse, Kastanien und Bohnen zu plazieren.
Arbeitsvorgang: In die Gehältchen, in welche Blumen gesteckt werden, passen wir eine Oasis-sec-Unterlage ein. Wir decken diese mit Flachmoos ab.

Die Blumenstiele werden parallel zueinander gesteckt.

Diese Kreation in Paralleltechnik *(Abb. 29)* nennt sich **Sommergarten** und wurde mit gelben Schafgarben, Achillea filipendulina; Sonnenblumen, Helianthus annuus; blauen, weissen und rosa Gartenrittersporen, Delphinium ajacis; Stechäpfeln, Datura stramonium; Elfenbeindistel, Eryngium gi-

Abb. 30

ganteum; Roteichenblatt, Quercus rubra; gepresstem dornigem Schildfarn, Polystichum aculeatum; gelben und rosa Gartenstrohrosen, Helichrysum bractcatum.

Arbeitsvorgang: Spanplatte im Format 50 × 38 × 3 cm. Mit Bohrmaschine viele Löcher, Durchmesser etwa 10 bis 15 mm, bohren. Vorerst die grossen und langen Werkstoffe in die Löcher kleben, danach die kleineren. Boden mit Flach- und Weissmoos abdecken. Mit Strohrosen und Stechäpfeln die Schwerpunkte bilden und zuletzt die Roteichenblätter einkleben.

Gut geeignet für diesen **flachen Binsenkorb** sind gelbe Schafgarben, Achillea filipendulina; rosa-grüne Gartenhortensien, Hydrangea macrophylla; roter Erdbeermais, Zea mays; stark-rosa Gartenstrohblumen, Helichrysum bracteatum; blaue Staticen, Limonium sinuatum; grüner, gepresster Lanzenfarn, Polystichum lonchitis *(Abb. 30)*.

Arbeitsvorgang: Die Stielenden einseitig anschneiden, mit Klebstoff versehen und in den weichen Binsenkorb stossen. Wenn notwendig mit der Ahle vorstossen.

PARKANLAGEN

Parkanlagen bergen eine Fülle von seltenen Bäumen und Sträuchern. Ein Park ist ein grosser Garten, eine Ansammlung von besonderen botanischen Seltenheiten. Er verbindet Natur, Architektur, stehendes und bewegtes Wasser zu einer neuen verdichteten Landschaft. Im Park kann man das ganze Jahr über etwas sammeln. Erfolgreich sind wir meistens nach Stürmen. Da werden Fruchtstände von den Bäumen geweht, Rinden lösen sich, und im Herbst finden wir herrliche farbige Blätter in grosser Vielfalt *(Abb. 32+33)*. Bitte nur auflesen, was auf dem Boden liegt, oder sich eine Einwilligung beim Gärtner beschaffen. Wenn im Winter die Gehölze geschnitten werden, kommen wir zu Fruchtständen, Holz- und Rindenstücken.

Für diese **herbstliche Blattcollage** eignen sich gelber Ginkgo, Ginkgo biloba, (im Sommer ist er grün); bordeauxrote echte Weinrebe, Vitis vinivera; bordeauxrote Roteiche, Quercus rubra; Japanischer Ahorn, Acer japonica; für die Mittelrosette *(Abb. 34)*.
Werkvorgang: Sperrholz etwa 35×50 cm. Aufhänger anbringen. Japanpapier oder Pergament locker und aufgeworfen auf Sperrholz kleben. Blätter flach und aufgestellt aufkleben. Erstaunlich lange halten die Collagen, welche mit Mattlack überzogen werden und keiner direkten Sonneneinstrahlung ausgesetzt sind.

Abb. 32

Abb. 33

Abb. 34

27

Abb. 35

Abb. 36

Die Werkstoffe für diese 50 x 40 cm grosse **Collage als Wandschmuck mit gepressten Blättern und Früchten aus dem Park** *(Abb. 35)* wurden im Oktober gesammelt. Gut geeignet dazu sind die folgenden Blätter: Venushaarfarn, Adiantum, hellgrün; Ginkgo, Ginkgo biloba, gelb; Efeu, Hedera helix, grün bis rostbraun; Pfaffenhütchen, Euonimus latifolius, dunkelgrünrot; Zitterpappel, Populus tremula, grün; Fächerahorn, Acer palmatum, rostbraun; Platane, Platanus acerifolia, braun.

Des weitern folgende Früchte: Sumpfeiche, Quercus palustris; Mispel, Mespilus germanica; Gemeine Rosskastanie, Aesculus hippokastanum.

Und schliesslich als Flechte: Grauflechte, Everina prunastri.

Werkvorgang: Die Blätter werden zwischen zirka vier Schichten Zeitungen oder Fliesspapier getrocknet, wenn nötig die Zeitungen nach geraumer Zeit wechseln. Nur leicht beschweren, da sonst die Blätter zu flach werden. Karton oder Sperrholz sollte mit Aufhänger versehen sein. Blätter flach und leicht aufgestellt aufkleben. Die Früchte als Schwerpunkt gruppiert aufkleben.

Die dicke Strohringunterlage, Durchmesser 25 cm, Dicke 5 cm, ergibt bei diesem **plastischen Wandschmuck** die dreidimensionale Wirkung *(Abb. 36)*. *Werkvorgang*: Die Blätter in Gruppen auf Strohunterlage kleben. Mit Ahle

Abb. 37

Abb. 38

leichte Öffnungen einstossen und die Blätter auch aufstellen. Zuletzt flechtenbewachsene Zweige aufkleben.

Wiederum dient ein dicker Strohreifen als Basis für dieses **stehende Arrangement mit Früchten und Fruchtständen** *(Abb. 37)*. Die Zweige werden in den Reifen eingeklebt. Polstermoose, Flechten und kurze Gruppensamenstände bilden den Boden.
Werkstoffe: Bohnengruppen des Trompetenbaumes, Heimbuchenzweige, Ahornzweige, Waldrebentuffe, Vogelbeerengruppen.

Gut geeignet für diese **Collage mit Fruchtständen von Gehölzen** *(Abb. 38)* sind rote Äpfelchen, Malushybriden; hellgrüner Lederstrauch, Ptelea baldwinii; beigegrüner Feldahorn, Acer campestre; Schwarzerle, Alnus glutinosa; braune Früchte der Roteiche,

Quercus rubra; Nüsse des Gemeinen Walnussbaums, Juglans regia; Gemeine Rosskastanie, Aesculus hippocastanum; Rinden und altes Holz.
Werkvorgang: Kupferblechabschnitt entfetten und mit Schwefelleber anätzen, ziehen lassen und mit Wasser spülen. Blech interessant biegen, alte Holzstücke und Rinden aufkleben. Die Fundstücke in verschiedene Gruppen anordnen. Sollten die Äpfelchen nach einiger Zeit abfallen, werden sie durch Hagebutten oder Vogelbeeren ersetzt.

Abb. 39

Abb. 41

Abb. 40

Die beste Sammelzeit für dieses **Spiel mit Zapfen und Früchten aus dem Park** ist im Mai/Juni. In dieser Zeitperiode fallen die Zapfen von den Bäumen und sind sauber und noch nicht verwittert. Die Früchte und Stände sammeln wir im Herbst.

Basis: Verschieden grosse, flache Korbteller flach und aufgestellt zusammenkleben. Auf der Rückseite mit flachen Leisten verstärken und Aufhänger anbringen. Die Rundungen der Körbe geben die Bewegungen der Zapfen und Früchte von: Mammutbaum, Schwarzkiefer, Föhre, Erle, Lärche, Buche, Kastanie, Vogelbeeren. Einige Büschel der Schwarzkiefern und gepresste Vogelbeerbaumblätter ergänzen die meist runden Formen *(Abb. 39+40)*.

Die Platane erneuert laufend die Rinde. Dies kann leicht vom Baum oder vom Boden gesammelt werden. Interessant sind die puzzleartigen Umrisse,

Abb. 42

deren Ränder etwas heller sind. Die Innenseite ist mittelbraun. Die Aussenseite zeigt viele Formmuster, die Brauntöne variieren von Tiefbraun bis Beige. Das Grün stammt von den Baumalgen, die für die frischgrüne Färbung vieler Rinden verantwortlich sind. Die Platane ist ein bekannter und beliebter Alleenbaum, der lichte Schatten spendet. Diese **Platanenrindencollage auf Sperrholzplatte** misst 60 × 40 cm *(Abb. 42)*.

Werkvorgang: Sperrholz, 40 × 30 cm, soll mit Aufhänger versehen werden. Nach flacheren bodenbildenden Rinden können wir auch aufgeworfene und umhüllende Formen bilden. Mit Platanenfrüchten (Kugeln an Stiel) und gepressten Blättern kann die Collage erweitert werden. Auch kann man mit diesen stabilen Rinden eine Weihnachtskrippe kleben. Das Kernstück ist nur mit Rindenstücken geklebt *(Abb. 41)*.

Der Wald, wie dieser Laub- und Nadel-
holzmischwald am Jurasüdfuss, ent-
puppt sich als der wertvollste Sammel-
ort *(Seite 32)*. An dichten Waldrändern
lassen sich Waldreben und verschiedene Vogelbeeren, Gräser, Heidelbeeren,
Farne, Moose, Flechten, Zapfen und
Steine mit Versteinerungen finden. Da
viele Bäume dem Wind zum Opfer fallen, liegen überall Holzereiabfälle. Im
dichten Unterholzwuchs auf abgeholz-
tem Waldstück wachsen Brombeeren
und Farne *(Abb. 44)*. Im Jura sind die
Wälder lichter und mit Weiden durchsetzt *(Abb. 45)*: An den Waldrändern
hat sich eine reiche Hochstaudenflora
entwickelt. Der Mischwald ist auch im
Winter ein reichhaltiger Fundort von
Vogelbeerbaumrinden, Bergahornrin-
den, Weiss- und Rottannenrinden,
Flechtenzweigen, Holzpilzen, Holzereiabfällen *(Abb. 46)*.

Abb. 44

Abb. 45

Abb. 46

Abb. 47

Abb. 48

In einem lichten Wald auf etwa 1 000 m Höhe lagen viele Vogelbeerbaumstämme mit aufgeplatzer Rinde am Boden. Die Rinde liess sich, wie Birkenrinde, hauchdünn abziehen. Zu Hause presste ich die Rindenstücke zwischen dicke Zeitungen, damit sie sich nicht einrollten. Monate später «fand» ich meine Rinden wieder. Sie gaben mir den Impuls zu einem Objekt mit einer Höhe von 70 cm. Ein richtig gekrümmtes Lärchenholz, mit grossen Steinen beklebt, bildeten Fuss und Aufbau. Mit Freude begann ich mit dem Aufbau, ohne das Ziel zu kennen. Selbsttätig entwickelte sich ein **vogelartiges Geschöpf** mit einem durchscheinenden «Gewand» *(Abb. 47+48)*.

Dieses **Bürdchen aus Flechtenästen** *(Abb. 49)* hat eine Höhe von 50 cm. Es ist ein «Zeichen» für den Sammler. Ein Bürdchen, eine Bürde, etwas tragen, etwas zu Ende tragen. Die Idee zu dieser Arbeit kam aus dem Sammeln. Die Fundsachen werden sorgsam geordnet, gebündelt und getragen. Zu Hause wurden Fuss, Träger und Bürde zusammengefügt. Beim Betrachten entfindet man so was wie Rührung, da trägt jemand eine grosse Bürde.

Abb. 50

Abb. 49

Zwei angewitterte Holzstücke von einem Lärchenholzstrunk inspirierten mich zu diesem 60 cm hohen **Holzschiff im Schnee**. Im hinteren Drittel des liegenden Holzes wurde ein 20-cm-Loch gebohrt und ein fester, aber auch grauer Ast geklebt. Durch zwei Löcherpaare im Segel zog ich einen mitteldicken Draht und band diesen am Mast fest. Die Bindestelle habe ich mit Flechten abgedeckt. Das Rohprodukt dieser spontanen Gestaltung sind drei gefundene Hölzer *(Abb. 50)*.

Abb. 51

Abb. 52

Im Laufe meiner Sammlertätigkeit habe ich mir in neuerer Zeit auch die Rinden der Bäume angeschaut. Dabei entdeckte ich in meiner Umgebung die ungemein vielen Formen und die Beschaffenheit von Borken. Ein schlichtes, 50 cm hohes **Wigwam** *(Abb. 51)* wurde mit den Rinden folgender Bäume beklebt: Weisstanne, Rottanne, Föhre, Arve, Lärche, Bergahorn, Platane, Kirschbaum und Vogelbeerbaum. *Werkvorgang*: Zwei Holzstücke von je 50 × 18 cm und ein Holzstück von

35 × 18 cm zu einem Dach zusammenkleben. Die Rindenstücke leicht gruppiert aufkleben und mit verschiedenen Flechten garnieren *(Abb. 52)*. Ein würdiges «Haus» für Naturmenschen.

Die Fundorte für ein **Holzpilzobjekt mit Fichtenporlingen** sind alle Wälder bis zur Waldgrenze hinauf. Häufiges

36

Abb. 54

Abb. 55

Abb. 53

Pilzvorkommen findet man an geschwächten und abgestorbenen Fichten und Tannen. Die rotbraune äussere Zone tritt meist erst bei mehrjährigen Fruchtkörpern auf. Das Loslösen vom Holz ist oft mühsam bis gar unmöglich. Ich verwende ein grosses, starkes Klappmesser, um die Pilze vom Holz abzutrennen. Alle Holzpilze sollten schnell getrocknet werden. *Werkvorgang*: Zwei «alphornartig» gekrümmte Rottannenstämmchen (Fundort meist unter Felsen auf Geröllhalden) zusammennageln. Grosse Holzpilze als Fuss ankleben. Holzpilze in verschiedenen Positionen aufkleben. Unschöne Übergänge mit Bartflechten (Usnea hirta) dekorativ verdecken. Das 80 cm hohe Objekt ist «rundsichtig» gestaltet und kann als besonderer Raumschmuck viel Freude bereiten *(Abb. 53–55)*.

37

Abb. 56

Abb. 57

Abb. 58

Abb. 59

Für diese **Collage mit Baumschwäm-
men** *(Abb. 56)* wurden folgende Pilze
verwendet: (1) Flacher Lackporling,
Ganoderma applanatum; (2) Wulsti-
ger Lackporling, Ganoderma adsper-
sum; (3) Fichtenporling, Fomitopsis pi-
nicola *(auch Abb. 58)*; (4) Riesenpor-
ling, Meripilus giganteus; (5) Striegelige Tramete, Trametes hirsuta; (6) Bir-
kenblättling, Trametes betulina.
Werkvorgang: Auf der Rückseite einer
Spanplatte zwei Aufhänger anbringen. Einige angewitterte Holzstücke
aufkleben, danach gruppiert Holzpilze
zuordnen. Freie Flächen mit Moosen
und Rinden abdecken. Die Collage
misst 70×20 cm.

Diese **grosse Collage mit Werkstoffen
vom Waldhang** hat ein Format von
100×60 cm *(Abb. 57/Bildausschnitt
+Abb. 59)*.

Werkstoffe: Alte Äste, Holzstücke,
Schieferplatten, Holzpilze, Föhrenzapfen, Flechten, Heidelbeerstauden,
Tuffsteine, Kieselsteine, Holzmoose.
Werkvorgang: Werkstoffe sorgfältig
säubern. An altem Holz schwammige
Schichten wegraspeln. Auf der Rückseite einer Spanplatte Aufhänger anbringen.

Abb. 61

Abb. 60

schlicht und unaufdringlich die Horizontale oder die Vertikale *(Abb. 60)*. *Aufbau*: Auf der Rückseite von einigen, zusammengeklebten flachen Holzstücken an beiden Enden je eine Aufhängeschlaufe anbringen, damit die Girlande in beide Richtungen aufgehängt werden kann. Zuerst die weissen Holzpilze, Striegelige Tramete, aufkleben, danach Flechten, Moose und Zapfen, Pinus mugo, gruppiert anbringen.

Ziellos und ohne Zeitdruck erging ich einen Mischwald an einem Berghang. Suchend tastete ich Boden und Bäume ab. Das Entdeckte war mir wohl bekannt. Zu Hause legte ich die Werkstoffe auf einem Brett aus, um die Übersicht zu bekommen und um die noch feuchten Teile trocknen zu lassen. Zum **Sammelgut von einem Waldspaziergang** *(Abb. 61)* gehörten alte Holzteile, Würzelchen, Rottannenäste,

Lockere, leichte **Waldgirlanden** werden selten gestaltet, obwohl gerade diese alte Dekorationsform sich vorteilhaft auf gewisse Gegebenheiten auswirkt. Als Türschmuck, aussen wie im Wohnraum, begleitet die Girlande

Abb. 62

Abb. 64

Gräser, Rinden, Moose, Flechten, Heidelbeeren und Preiselbeerstrauchzweiglein, Bärlapp, Zapfen, Steinchen, Harzstücke.

Collagen «Wald» auf Kupferabschnitt
Dabei wurden alle Werkstoffe auf dem Brett verwendet *(Abb. 62+63)*.

Einfache Collage auf quadratischem Kupfer, leicht gebogen *(Abb. 64)*. Morsches Rottannenholz, liniert gekreuzt geklebt. Zapfenschuppengirlanden beifügen, ferner einen Zapfen in drei Teile schneiden und diese als Akzente abschliessend aufkleben.

Abb. 63

Abb. 65

Abb. 66

Abb. 67

Abb. 68

Auf einer Geröllhalde, unterhalb einer
Felswand in 1 100 m Höhe gelegen, hat
sich im Laufe der Zeit ein kräftiger
Wald entwickelt *(Abb. 66)*. Zuerst
wuchsen Pionierpflanzen, welche die
Besiedlung von Fels und Steinen erst
möglich machen. Mit Flechten, Moosen, Gras, Steinbrech wurde die Grund-
lage für Gehölze geschaffen
(Abb. 67+68). Sie bilden Erde, halten

die Feuchtigkeit und geben den jungen Wurzeln Halt. Die Wurzeln der Rottanne und der Föhre festigen den lockeren Boden. Sie halten die Steine zusammen. Die **Collage mit Fundsachen aus Südhangwald** ist ein verdichtetes Abbild dieser intakten Pflanzenfamilie *(Abb. 65)*.
Fundsachen: Zweige von Föhren und Rottannen, Wanderheide, Holz- und Rindenstücke, Polstermoose, Flechten.
Blumen: Nickende Distel, grossblütige Braunelle, Berghauswurz.

Ich sass friedlich unter einer Tanne und schaute in die Welt. Am Boden fielen mir die vielen abgenagten Zapfen auf, und prompt entdeckte ich zwischen den Ästen ein Eichhörnchen, welches sich an den Tannensamen gütlich tat. Es war ein sehr ordentliches Tier, denn die Schuppen waren säuberlich entfernt. Diese Begegnung gab mir den Anstoss, eine lang gehegte Idee zu verwirklichen: ein **Mehrfachornament mit entschuppten Rottannenzapfen** *(Abb.69)*. Dieses setzt sich aus drei Grundformen zusammen: einem Zentrum mit drei «Speichen», einem Zentrum mit sechs «Speichen», einem Sechseck (Wabe) mit drei kleinen und drei grossen Zapfenrosetten. Bekannt sind die Mehrfachornamente vom Stoffdruck her. Auch die schmückenden Ornamente aus der arabischen

Abb. 69

Kunst haben bei uns einen gewissen Bekanntheitsgrad.
Werkvorgang: Sechs möglichst gleich grosse Zapfen zu einer «Sechsspeichen»-Grundform zusammenkleben (siebenmal), diese Teile verbinden, Rosetten zufügen. Zuletzt mit Flechten die Klebestellen an den Knotenpunkten abdecken.

Abb. 70

Vier einfache Ornamente, die als Haus-aussenschmuck an Türen, an Fensterlä-den und an Wänden gedacht sind. Man könnte dieses **Ornament** auch als Hauszeichen ansehen, das heute noch – besonders in Berggegenden – die verschlungenen Initialen des Erbauers darstellt *(Abb. 70)*. Man klebt fünf Holzsplitter vom selben Baumstamm zusammen. An geeigneten Stellen Schmuck mit Flechten und Moosen an-bringen. Die Vorstellung war «Schmücken» mit Halbedelsteinen, wie dies aus der kirchlichen und profa-nen Kunst bekannt ist.

Dieses **quadratische Ornament** be-steht aus acht Holzpilzen (Striegelige

Abb. 72

Abb. 71

Tramete), Bergkiefernzweigen und
-zapfen, Silberdistel *(Abb. 71)*.

Die **halbrunde Palmette** *(Abb. 72)* lässt
sieben Flechtenzweige und Bergkie-
fernzweige aus dem Zentrum strahlen.
Mit Zapfen wurden Zentrum und zwei
Halbrunde geklebt.

Für dieses **kreuzförmige Ornament** je
vier lange und kurze, gleich dicke
Stecken zu einem Kreuz kleben
(Abb. 73). Acht Zweige mit Bergkie-
fern. Diese verfärben sich im Laufe der
Zeit braunrot, ohne die Nadeln fallen-
zulassen. Im Zentrum und aussen Zapfen von Pinus mugo (Bergkiefer).

Abb. 73

Abb. 74

Abb. 76

Abb. 75

Anfertigen eines **Ornaments in Rhombusform mit Fundsachen aus einem südlichen Wald** (auch aus Weiden, Waldrändern). Vier Aststücke werden zu einem Rhombus gebunden. Die Zweige von Föhren, Rottannen, Wacholder und Gräser in die gleiche Länge schneiden, etwa 10 cm, dann geordnet hinlegen. Die Zapfen in der untersten Schuppenreihe, mit einem etwa 12 cm langen Draht versehen, gablig lassen *(Abb. 76)*. Mit Wickeldraht werden die Werkstoffe gruppenweise ergänzt und mit Wolfsflechten auf die Grundform gebunden *(Abb. 75)*. Draht gut anziehen und mehrmals wickeln. Dieses Ornament findet seinen Platz als äusseren Hausschmuck *(Abb. 74)*. Auch Kränze und andere ornamentale Formen werden auf diese klassische Art hergestellt (Kränze winden/binden). Die Koniferen trocknen ein und halten so lange Zeit.

Alle Holzschläge sind ergiebige Sam-
melorte. Wenn möglich sollten wir uns
in noch frischen Holzschlägen um-
sehen, weil da Holz, Früchte, Zweige
noch nicht angeschimmelt oder abge-
nadelt sind. Alles am Baum, was weit
oben und unerreichbar ist, liegt nach
dem Fällen am Boden. Dazu kommen
Holzanschnitte, Astabschläge, Splitter,
Wurzeln, Harzstücke, Flechten. Bei einem frisch gefällten Baum, wie dieser
Lärche *(Abb. 79)*, entstand der soge-
nannte «Kamm» mit dem negativen
und dem positiven Ausriss *(Abb. 80)*.
Dieses letzte Stück Baum riss unter
Ächzen, bevor der Baum fiel. Ergiebige
Fundorte sind ungeordnete provisorische Lagerstätten von Stämmen
(Abb. 78) oder Stämme in einer Berg-
waldschneise *(Seite 48)*.

Abb. 78

Abb. 79

Abb. 80

Abb. 81

Diese **Girlande mit angewitterten alten Holzereiabfällen** wurde ergänzt mit Föhrenzapfen, Flechtenzweigen und Polstermoos. Sie weist ein Format von 80 × 20 cm auf *(Abb. 81)*.

Holzstücke der folgenden Bäume fanden für die **breite Girlande aus Holzereiabfällen** Verwendung: Weisstanne, Rottanne, Föhre, Eiche, Buche, Robinie, Kirschbaum *(Abb. 83)*. Eine reich-

Abb. 82

Abb. 83

haltige Mischung aus einem kleinen Waldstück am Jurasüdfuss.

Werkvorgang: Die gesammelten Holzstücke gut trocknen lassen. An einem Spanplattenstück im Format von 80 × 15 cm einen Aufhänger anbringen. Die Holzstücke in lockerer Anordnung aufkleben. Wie Flechten, Föhrenzweige und Efeutuffe eingeklebt werden, zeigt diese Detailaufnahme *(Abb. 82)*. Diese Gestaltung ist eine attraktive Dekoration an eine Holzwand oder eine rustikale Mauer.

Abb. 84

Vielfach sind es die Fundstücke, welche uns zu einer Gestaltung inspirieren. So auch diese Rottannenrinden *(Abb. 85)*, welche sehr sorgfältig mit einem Zugmesser geschält wurden. Ich begann zu sammeln, zu ordnen, zu spielen; es war ja Ferienzeit. Ich befasste mich zur selben Zeit mit dem Thema «Zeichen in die Landschaft setzen». Nun setzte ich ein **Spiralornament** in den Bergwald *(Abb. 84)*. Ordnen von sieben gleich langen (60 cm) und gleich gebogenen Rindenstücken.

Danach sieben Stück von 40 cm und siebenmal 30 cm. Alsdann Legen der Spirale. Das Zentrum besteht aus acht stehenden Rottannenzapfen, ergänzt mit Teilen des Adlerfarns. Ich liess dieses Ornament liegen. Man kann aber auch am Fundort probelegen und das Ornament zu Hause auf eine Unterlage kleben: ein dekorativer haltbarer Hausschmuck.

Abb. 85

Abb. 86

Abb. 87

Auch bei dieser Gestaltung **ohne Namen** *(Abb. 87/Ausschnitt)* war der Fundgegenstand der Inspirationsauslöser. Am Strassenrand wurden jüngere Rottannen gefällt und entrindet. Daraus resultierten annähernd gleich grosse Holzstücke mit Rinde und Astauge.

Werkvorgang: An einem flachen Holzstück im Format 60 × 15 cm wurde ein Aufhänger angebracht. Die Holzstücke wurden beinahe paarig aufgeklebt. Die Mittelachse besteht aus schmalen Buchenstücken, unterstützt von kleinen Bodenmoospolstern *(Abb. 86/Ausschnitt)*. Diese Collage kommt uns, warum auch immer, indianisch vor. Sie hat einen Ehrenplatz im Wohnzimmer.

Abb. 88

Abb. 89

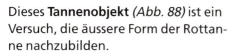

Abb. 90

Dieses **Tannenobjekt** *(Abb. 88)* ist ein Versuch, die äussere Form der Rottanne nachzubilden.
Werkvorgang: In eine dicke runde Spanplatte im Durchmesser von 30 cm ein Mittelloch von 3 cm bohren. Geschälten Ast in der Länge von 70 cm einkleben. Etagenweise rundum je sechs Löcher bohren mit 3 mm Durchmesser. Bunddrähte in verschiedenen Längen zu Schlaufen biegen und die gleich langen Enden in die Löcher kleben. So entsteht ein Drahtgerüst, welches biegbar und verformbar ist. Über die Drahtschlaufe die kännelartigen Rindenstücke kleben und mit Bart- und Grauflechten dekorieren. Den Fuss mit Steinen, Rinden und Flechten abdecken.

Die Teile dieses **Bergahornrindenobjekts** *(Abb. 89)* fallen in verschiedenen Grössen selbst vom Stamm oder lassen sich von Hand leicht lösen.
Werkvorgang: In schwere, runde Spanplatte ein Mittelloch bohren und einen kräftigen Ast einkleben, etwa 80 cm lang. Leiterartig im Abstand von 10 cm Rindenteile an beide Seiten des Stammes kleben *(Abb. 90)*. Über jede der Stufen im rechten Winkel zwei Rindenteile aufkleben. Die «Rindenäste» sind aus mehreren Rindenstükken zusammengesetzt.

Abb. 92

Abb. 91

Das Holz liegt zum Teil Jahrhunderte im Moor, es fault im sauren Torf nicht. Aus bekannten Gründen ist der Torfabbau aus naturschützerischen Überlegungen stark eingeschränkt. Dieses Wurzelobjekt von 170 cm Höhe wurde für eine Ausstellung geschaffen. Es stellte den Kontrast dar zu den nüchternen kalten Räumen eines Zweckbaues. In der Natur aufgenommen, verhält es sich harmonisch (Abb. 91).

Die Föhrenwurzeln für das **grosse Wurzelobjekt** kann man nicht «finden», sie treten beim Torfabbau zutage. Die Torfbauern verkaufen die schönen Wurzeln, die andern werden verheizt. Die Oberfläche ist seidenzart.

Mein liebstes Objekt mit den zwei schönsten Wurzeln, aus Hunderten von Moorwurzeln ausgesucht und über Jahre aufbewahrt. Beim **Wurzelballett** auf dem Sockel wirkt die Bewegung stärker(Abb. 92).

55

Abb. 93

In den letzten Jahren kam es in unseren Wäldern zu verheerenden Sturmschäden. Ganze Waldpartien wurden zerstört. Die Bäume wurden gebrochen und vielfach zersplittert wie bei diesem Rottannenstamm in den Freibergen im Jura *(Abb. 93)*. Auch nach mühsamen Aufräumungsarbeiten der Förster blieben noch viele Holzstücke liegen. Bei einem geborstenen Stamm lagen Holzsplitter im Sägemehl. Ich bündelte diese, nahm sie nach Hause und versuchte, mit einem **Objekt aus Holzsplittern** eine dynamische Form darzustellen, und zwar 80 cm hoch. Die zwei Flächen aus vertikalen und diagonalen Bewegungen treffen sich im rechten Winkel. Dadurch wird das «Aufbrechen» sichtbar gemacht *(Abb. 94–96)*.

Abb. 94

Abb. 95

Abb. 96

Durchsetzt mit Hecken und Waldstük-
ken, sind die Weiden mit grossen Ein-
zelbäumen bestückt, wie auf dieser
typischen Juraweide bei Plagne
(Seite 58). Viele Gehölze an den Waldrändern sind herrliche Fruchtträger,
zum Beispiel Vogelbeerbäume, Bu-
chen, Eichen, Ulmen, Weissbuchen,
Schwarzerlen, Bergahorn, Spitzahorn,
Weissdorn und andere. Reichhaltige
Hügellandschaften bietet das Emmental *(Abb. 98)*. Die Hecken und Waldränder sind vielseitig und dicht mit
Gehölzen bewachsen. In den dunklen
Weisstannenwäldern finden sich Moose, Heidelbeerzweige und Farne. Im
Halbschatten der Gehölze fühlen sich
auch viele Hochstauden und Disteln
wohl, wie hier bei Clugin am Hinterrhein *(Abb. 99)*. Als weiteres Beispiel
die Kulturlandschaft mit Hecken und
Waldrändern am Längenberg in der
Nähe von Bern *(Abb. 100)*.

Abb. 98

Abb. 99

Abb. 100

Abb. 102

Abb. 101

Abb. 103

Die unkonventionelle Gestaltungsart bei diesem **Wandschmuck aus Gräsern** besticht durch die Linienordnung der Grasbunde *(Abb. 104)*. Gräser, wie das Riesenstraussgras, Agrostis gigantea *(Abb. 102)*; das Gemeine Rispengras, Poa trivialis *(Abb. 103)*; finden sich am Rande von Wegen und Strässchen, im lichten Wald und auf den Weiden. Die Gräser sollten noch grün sein, wenn sie geerntet werden. Sie werden in Bündeln getrocknet.
Werkvorgang: Sieben Gräserbunde aus je gleichen Arten von Gräsern bündeln, so dass an beiden Enden Grasrispen vorhanden sind. Die Bunde leicht flechten und an den Kreuzstellen mit

Draht gut binden. Die provisorische Bindestelle lösen. Leichte Garnitur mit Wiesenflockenblumen, Centauria jacéa; Fruchtboden; Taubenkopfleinkraut, Silene vulgaris; Wilder Möhre, Daucus carota *(Abb. 101)*.

Beim Spazieren in der näheren Umgebung fand ich selbst an einem trüben

Abb. 104

Abb. 105

Wintertag die in der **Collage mit Funden vom Waldrand** verwendeten Pflanzenteile: Flachmoose, Flechten, Waldrebenstränge und -samenbüschel, Efeu-, Brombeer- und Buchenblätter, Rottannenzapfen. Die Vogelbeeren stammen vom Herbstvorrat. *Arbeitsvorgang*: Moose und Flechten auf die Sperrholzunterlage kleben. Die Waldrebenstränge grosszügig schlaufen und nahe beim Zentrum mit Draht festbinden und auf der Unterlage befestigen. Die Zapfen stehend aufkleben, Vogelbeertuffe anbringen und die übrigen locker dazugruppieren. Der Eindruck soll «waldig» sein *(Abb. 105)*.

Abb. 106

Abb. 107

Bei diesem **Strukturarrangement mit typischen Fruchtständen vom Waldrand** *(Abb. 106)* wurden rote Vogelbeeren, Sorbus aucuparia; rote breitblättrige Mehlbeeren, Sorbus latifolia *(Abb. 111)*; wolkigweisse Waldreben, Clematis vitalba *(Abb. 110)*; hellbraune Haselnüsse, Corylus avellana; braune Buchnüsse, Fagus sylvatica; braune Stieleichen, Quercus rubor; Schwarzerlen, Alnus glutinosa; hellgrüner Feldahorn, Acer campestre; verwendet.
Werkvorgang: Auf eine Spanplatte mit unregelmässiger Aussenform wird eine Kunstschaumplatte von etwa 5 cm Dikke aufgeklebt. Darüber eine grüne Alufolie mit Agraffen befestigen und auf der Rückseite ankleben. Mit Flachmoos und Flechten abdecken. Die

Abb. 108

Werkstoffe mit Stielen in Gruppen aufstecken. Stiellose Samen aufkleben.

Abb. 109

Abb. 110

Die Strukturtechnik kann auch bei vielen anderen Werkstoffen mit Erfolg angewendet werden.

Dünne Holzstücke oder Schindeln werden zur Basis für die **flache Collage** zusammengeklebt *(Abb. 107)*. Zwei bis drei Aufhänger anbringen, um mehrere Möglichkeiten zum Aufhängen zu haben. Die entstandenen Einzelfelder mit Fundsachen von Weide und Wegrand bekleben. Samen von Bergahorn *(Abb. 109)*, Buche, Eiche, Beeren und Blättern vom Vogelbeerbaum, Blumen von der filzigen Klette *(Abb. 108)*.

Abb. 111

Abb. 112

Abb. 113

Ulmen sind häufig als Heckenbäume
anzutreffen. Auffallend sind die kräftigen Samenbüschel, welche meist den
ganzen Winter über hängenbleiben.
Bei dieser **Gestaltung** ohne Jutehintergrund *(Abb. 112)* interessierten mich
die alten Zweige und Rinden mit den
orange Flechten. Ein kräftiger Winkel
wurde aus mehreren Ästen und aus
Rinde gebildet. Als Kontrast bewegen
sich feine Äste diagonal in den Frei-
raum. Der bildartige Aufbau
(Abb. 113/Ausschnitt) wurde auf einer

Abb. 116

Abb. 115

Abb. 114

klebt. Ein kleiner Stein befindet sich in der diagonalen Bewegung vor dem Öffnen der Zweige.

Die Idee vom **hängenden Objekt** beschäftigte mich lange. Nach verschiedenen Versuchen gelang mir diese Lösung *(Abb. 114)*. Es wurden alles Teile der Buche, Fagus sylvatica, verwendet. Holzsplitter, Rindenstücke, Wurzeln, Äste, Samen, Buchecker *(Abb. 116)*, Cupula, Hüllen, Blätter, Holzkämme. *Werkvorgang*: Sechs etwa 80 cm lange Holzsplitterstücke, Holzereiabfälle wurden mit flächigen Rinden und Holzteilen zu einem hohlen Zylinder geklebt. Ein langer Kokosstrick durch die Mitte hängenlassen, oben seitlich an drei Stellen an der Aussenwand festbinden. Am unteren Ende wird ein grosser Stein angebunden und zur Sicherheit angeklebt. Erst wenn das Objekt hängt, die Feindekoration anbringen. Ästchen, Hüllen, Blätter und Wurzeln, Steine *(Abb. 115)*.

mit Jute bespannten Holzunterlage vorgenommen. Als Gegengewicht wurde ein grosser Tuffstein aufge-

Abb. 117

Als Fuss für dieses 1 m hohe **Blumenbäumchen auf Weide** *(Abb. 117)* dienen gewichtige Holzpilze, welche am alten Rottannenast angenagelt werden. Am anderen Ende wird eine mit grüner Folie umhüllte Kunstschaumkugel angebunden. Über das Kreuz zwei Löcher bohren, zwei Steckdrähte durchstossen, Kugel auf Astende leicht einstossen und mit den zwei Drähten gekreuzt anbinden. Die Technik, in

Abb. 118

Abb. 119

welcher diese lockere Kugelform gestaltet wurde, ist als *Radialtechnik* bekannt. Jeder Stiel wird präzise auf die Mitte der Kugel gesteckt. Werkstoff gibt es ausreichend im Bereich «Weiden und Waldränder». Um nur einige der Blumen und Fruchtstände zu nennen: Weidenröschen, Wilde Möhre, Flockenblumenfruchtböden, Pfefferminze, Storchenschnabel, Pfaffenhütchen, Wacholderzweige, Waldrebe.

Ein **Arrangement im tiefen Schnee** wirkt sicher eigenartig. Aber was soll's, der Gedanke, dass die im Sommer und im Herbst geernteten Blumen auf der winterlichen Weide zu einer Gestaltung werden sollen, ist jedenfalls ungewohnt. Dieses hier ist eine Gestaltung in der *Paralleltechnik*. Einfach erklärt: Es ist dieselbe Ordnung, wie die Pflanzen wachsen *(Abb. 118)*.

Werkstoffe: Wollköpfige Kratzdistel, Karden, Vogelbeeren, Eriken, Buchenzweige mit Nüssen, Haselnüsse.

Als Kontrast haben wir ein Arrangement mit den gleichen Werkstoffen in der *Radialtechnik (Abb. 119)*.

Abb. 121

Abb. 120

Abb. 122

Aus gebogenen Moorwurzeln wurden drei Ringe zusammengenagelt. So entstand das Grundgerüst für den **freien Hänger** *(Abb. 122)*. Mit Kokosseilen zusammenbinden und mit Flechten und Zapfen garnieren. Wie beim Doppelhänger ist ein rustikaler Raum der passende Ort für diese Gestaltung.

Sicher haben Sie sich beim Betrachten des Buches Gedanken gemacht, woher diese zahlreichen Gestaltungsformen kommen. Es sind zum Teil konventionelle Schmuckformen wie Ornamente (Kranz, Kugel, Rosette, Palmette usw.) und Gestecke in Radialtechnik. Parallelarrangements sind bekannt und in den Berufsalltag eingebettet. Manchmal hat man aussergewöhnliche Ideen zu einer Komposition, und es entsteht etwas Ungewöhnliches, etwas Neues. Einige Arbeiten wurden einige Male geändert, verbessert, aber auch verworfen. Andere wieder entstanden ganz spontan. Bei der späteren Beurteilung der Fotos wurden einige verworfen. Einige pendelten rein und raus, so wie der **Doppelhänger** *(Abb. 123)*. Diese Dekoration ist rundsichtig geordnet. Sie kann überall dort ihren Platz finden, wo herbe Schönheit gefragt ist, beispielsweise an einem überdeckten Sitzplatz im Winter. Die Dekoration kann vom Wohnzimmer aus gesehen werden.

Werkvorgang: Zwei Schaumkugeln mit Folie abdecken und mit Wickeldraht ein Netz darumbinden. Beide Kugeln in Kokosseil festbinden. Einzelschnüre aufdrillen und in Kugel einbinden.

Werkstoffe: Grau-, Bart- und Wolfsflechten, Vogelbeeren *(Abb. 120)*, Föhrenzweige, Föhrenzapfen. Es können natürlich auch noch andere Werkstoffe, wie diese wollköpfigen Kratzdisteln *(Abb. 121)*, Verwendung finden.

Abb. 123

BÄCHE, FLÜSSE UND SEEN

Aufenthalte an Bächen, Flüssen und Seen sind bei jung und alt sehr beliebt. Man kann in frischem, kühlendem Wasser baden und planschen oder das stete Fliessen des Wassers in seinem ausgeschliffenen Felsenbett beobachten *(Abb. 127)*. Das Verweilen am oder auf dem Wasser, wie an diesem stillen Bergsee im Bereich der oberen Waldgrenze und der Weide Laj Lung im Bündnerland *(Abb. 125)*, ist beruhigend und trägt viel zu unserer Erholung bei. Fischer üben sich in Geduld. Mit einem gewissen Jagdfieber tüfteln sie die geeigneten Köder aus, um möglichst reiche Beute zu machen. Besonders wild gebärden sich Bäche in den Alpen. Nach Gewittern, aber auch nach der Schneeschmelze reisst die Kraft des Wassers alles mit sich, was «im Wege» ist. Das Wasser staut sich, Bäume werden über- und unterspült, zum Teil mitgerissen. Schwemmholz staut sich nach einem Unwetter an den Ufern, wie hier am Sufnersee am Hinterrhein (Abb. 126). Neue Wasserwege entstehen. Es ist ein unvergessliches Erlebnis, die rauhe Naturgewalt aus sicherer Entfernung miterleben zu können.

Abb. 125

Abb. 126

Abb. 127

Abb. 128

Abb. 129

Abb. 130

Der Regen hinterliess ein rostbraunes Seelein in der Steinmulde. Dieses inspirierte mich, ein **Landschäftchen auf grossem Stein** zu gestalten *(Abb. 128)*. Im nahen Bergwald, der auf einer Geröllhalde wuchs, fand ich Moose, Flechten und Bärlapp. In grossen Mengen wachsen da in ständiger Feuchtigkeit die primärbodenbildenden Flechten und Moose. Darin finden Tannen Halt, Nahrung und Feuchtigkeit, um zu gedeihen.

Bemalter Stein im Oberlauf der Emme. Beim Sammeln von Werkstoffen aus Weiden und Bergwald kamen wir in ein flaches Stück des Flusses, welches breit mit Steinen angefüllt war. Gross war die Überraschung, als wir diesen bemalten Stein sahen. Da hat ein unbekanntes Wesen ein Zeichen in die Landschaft gesetzt, sicher zur Freude der Betrachter *(Abb. 129)*.

Zusammenstellung am Rande eines stillen Wassers, direkt in den feuchten Sand gesteckt. Schwemmholz, Steine, Kletten, Storchenschnäbel, Gräser, rote Holunderbeeren usw. *(Abb. 130)*. Dieses Arrangement hielt sich über eine Woche lang schön. Paralleltechnik.

Das Sammelgut, Schwemmholz, Steine und Gräser, wurde zu Hause zu der Collage **«Am Bergfluss»** in der Grösse von 70×45 cm geformt. Sie kann als

Abb. 132

Wandarrangement oder auch liegend zur Dekoration dienen. Die unterschiedliche Färbung des Holzes zeigt, wie lange das Holz der Sonne ausgesetzt war. Wenn diese Collage etwa ein Jahr lang der Witterung ausgesetzt wird, ist alles Holz gleich grau. *Werkvorgang für beide Collagen (Abb. 131+132)*: Holz reinigen und trocknen, morsche Teile mit einer Raspel entfernen, erst dann auf Spanplatte kleben. Nach dem Anordnen des Holzes die Steine in verschiedenen Grössen einkleben. Moose zugeben und zuletzt einige Gruppen mit Gräsern zuordnen.

Abb. 131

Abb. 133

Abb. 135

Abb. 134

«Spiel mit Gewichten» könnte man dieses dominante, 1 m hohe **Stein-Holz-Objekt** *(Abb. 133)* auch benennen. Es setzt in den Bergbach ein markantes Zeichen. Wie lange es stehen wird, ist unwesentlich. Bleibend sind das Verwirklichen einer Idee und die Fotos. Das Suchen der Schwemmäste und Steine war eine wertvolle Angelegenheit, aber auch das Finden einer einfachen, symmetrischen Konstruktion brachte mir Befriedigung. Gutes Zusammenhalten mit Hilfe einer Hanfschnur ist vonnöten. Zum Abschluss nehmen wir das Aufsetzen des Schlusssteines vor, ohne diesen jedoch zu befestigen. Die Bindestelle muss geordnet verlaufen und satt angezogen sein.

Die Idee für das 1 m hohe **Objekt mit Schwemmästen** *(Abb. 134)* kam mir beim näheren Betrachten von einem grossen Haufen Schwemmholz am Strassenrand beim Bärenburgstausee

unterhalb der Roflaschlucht am Hinterrhein.
Werkvorgang: Um einen leicht gebogenen, senkrechten Ast werden verschieden lange Äste befestigt. Da die Hölzer leicht lehmig sind, muss an der Klebestelle das Holz leicht weggenommen werden. Mit Bohrmaschine Loch vorbohren und mit Nagel und Leim

Abb. 136

Abb. 137

befestigen. Leim und Nagelkopf werden zum Schluss mit feinem Tonbrei mit Hilfe eines Pinsels abgedeckt. Um eine dynamische Spannung zu erhalten, sollten die Äste an Ort und Stelle flach hingelegt werden, vielleicht gar numeriert, damit man zu Hause den spiraligen Aufbau nachvollziehen kann *(Abb. 135)*.

Gesammelt und fotografiert wurde dieses **Schwemmholzobjekt** am Sufnersee am Hinterrhein. Schwemmhölzer sind teils geschliffen und poliert, teils noch kantig gebrochen, «ungehobelt». Gehobelt wird das Holz mit Steinen, Kies und Sand, welches in der starken Strömung wie Schmirgel auf alles einwirkt. In diesem Objekt *(Abb. 136)*, übrigens mein erstes, spontan entstandenes, sind Holzstücke,

Wurzeln, Holzsplitter und Rinden zu einer neuen Form vereinigt worden. Diese Aufnahme zeigt eine Variation des 60 cm hohen Objekts im Schnee *(Abb. 137)*.
Arbeitsvorgang: Holz und Rinden sammeln, reinigen und trocknen. Aufbau von innen nach aussen. Die drei Füsse sind aus langen Splittern von zerborstenen Tannen. Schwammiges Holz an Klebestelle mit Raspel entfernen. Sichtbarer Leim mit Raspelmehl überstreuen.

Abb. 138

Abb. 140

Abb. 139

werden. Beim Zusammentreffen der drei Astenden wird mit einem Steckdraht gut gebunden und erst dann geklebt. Draht und Leim mit Flechten oder Moos abdecken.

Für dieses **Stein-Holz-Ornament auf Jutehintergrund** im Format von 70 x 40 cm *(Abb. 140 + Abb. 139/Ausschnitt)* wird eine Spanplatte mit Jute überzogen. Auf der Rückseite starke Aufhängevorrichtungen anbringen. Zwei Ringschrauben eindrehen und verkleben. Mit starker, doppelter Schnur verbinden. Bei den Klebestellen muss mit Hilfe eines Schnittes in die Jute direkter Kontakt mit der Spanplatte hergestellt werden.

Das **gelegte Ornament** basiert auf dem Radsymbol. Es verbindet den Symbolgehalt des Kreises (Symbol der Einheit des Absoluten) mit dem Aspekt der Bewegung, des Werdens und Vergehens. Ein sinnvolles Symbol, an den jungen Rhein gelegt *(Abb. 138)*. *Werkvorgang*: Zu Hause kann dieses Ornament mit einem Durchmesser von 1 m auch ohne Hintergrund geklebt

Abb. 141

Abb. 142

Abb. 143

Sieben gilt von alters her als heilige Zahl. Die Blume symbolisiert das Sinnbild des krönenden Abschlusses des Wesentlichen. So war es naheliegend, einmal ein **siebenblättriges Ornament** zu gestalten.
Werkstoffe: Sieben flache Schwemmholzstücke, sieben Arvenzweige, Steine und Moos *(Abb. 141)*.

Für das **Spiel mit Steinen und Formen** wurden Flechtenzweige über eine ovale Steinspirale gelegt *(Abb. 142)*.

«Zeichen am Gebirgsbach setzen» nennt sich dieses **Ornament auf Stein** in der Grösse von 80×70 cm. Es besteht aus vier Schwemmästen, Rinde mit Flechten, Candelaria concolor; rotem Holunder, Sambucus racemosa; flachen, runden Steinen *(Abb. 143)*.

Ein Ornament setzt sich aus der Grundform (Äste, Holunderrinde) und aus der Dekoration (Beeren, Steine) zusammen. Dieses Ornament wurde am Averserrhein gestaltet, an einer Stelle, die von Fischern und Ausflüglern gerne aufgesucht wird. Vielleicht hat das Ornament einige Zeit überlebt und auch Beachtung gefunden.

Abb. 144

Abb. 145

Abb. 146

Abb. 147

Bei der **Entstehung eines freien Orna-
mentes** wird das Sammelgut zuerst geordnet bereitgelegt. Die äusseren Formen legen *(Abb. 144)*. Mit Holunderbeeren und Vogelbeerbaumblättern
Garnitur anbringen *(Abb. 145+146)*.
Ein Erinnerungsfoto nicht vergessen,
denn das Ornament bleibt liegen
(Abb. 147).

Die obere Waldgrenze ist für Sammler
äusserst ergiebig. Alpweiden und
Wald gehen nahtlos ineinander über,
wie diese Aufnahmen der oberen
Waldgrenze bei der Alp da Munt, süd-
lich des Ofenpasses *(Seite 80)*, und des
Promischursüdhangs über Andeer im
Hinterrheingebiet *(Abb. 149)* zeigen.
Romantische Bergseelein, wie zum Bei-
spiel der Hahnensee über St. Moritz
(Abb. 150+151), bereichern die gross-
artige Landschaft, in welcher auch viel
Wild seinen Lebensraum hat. Im Som-
mer weiden Kühe, Pferde, Geissen und
Schafe im würzigen Berggras.

Abb. 149

Abb. 150

Abb. 151

Abb. 153

Abb. 152

Von der Natur gestaltete **Holzobjekte** *(Abb. 152–155).* Im Bereich der letzten Bäume ist der Lebenskampf am härtesten. Der Winter dauert lange. Stürme und Gewitter erschüttern die wettererprobten Gehölze. Lawinen donnern in die Bäume und brechen Stämme wie Hölzchen. Wassermassen schwemmen die Wurzeln aus und reissen uralte Riesen mit in die Tiefe. Nicht ohne Grund wird dieses Gebiet auch Kampfzone genannt. Als Sammler werden wir bizarre Hölzer finden. Wir können staunen über die vielfältige Formenwelt, welche nur im Holz liegen kann. Es wurde mir zur Angewohnheit, nicht mit Axt und Säge sammeln zu gehen,

Abb. 154

Abb. 155

sondern nur das mitzunehmen, was aus eigener Kraft zu lösen ist. Das schon morsche Holz der Lärchen und

Arven hat immer noch eine genügende Festigkeit, da dieses meist stark mit wohlriechendem Harz durchsättigt ist.

Abb. 157

Abb. 156

Die rotbraune Farbe des Holzes wirkt sympathisch warm, sie lässt sich auch gut ergänzen. Die Holzpilze wurden gewählt, weil sie die Aufgabe übernommen haben, altes Holz möglichst schnell wieder zu Erde werden zu lassen, um den Kreislauf fortzusetzen. Sicher haben Sie auch schon junge Tännchen aus einem morschen Holzstrunk wachsen sehen. Sie finden Nahrung, Festigkeit und Feuchtigkeit.

Mit diesen **Holzkränzchen** *(Abb. 158)*, auf eine Strohunterlage geklebt, haben wir sehr guten Erfolg. Das Holz stammt von den verschiedensten Bäumen, es ist auch unterschiedlich angewittert. Es kann als Türschmuck oder als Adventkranz gestaltet werden. Mit Bienenwachskerzen wirkt er ruhig und harmonisch.

Die Kampfzone beherbergt auch eine grosse Anzahl von Flechtenarten. Diese kommen meist in grossen Mengen

Auf ein mit einem Aufhänger versehenen Karton wird leicht kreuzweise Holz angeklebt *(Abb. 156 + 157)*. Mit Holzpilzen bilden wir **Linien und Gruppen**.
Wichtig: Bevor geklebt wird, das Holz sauber anraspeln.

Abb. 159

Abb. 158

Abb. 160

vor. Flechten bestechen nicht nur durch ihre besonderen Formen, sondern auch durch kräftige Farben. Einige Flechten werden heute noch zum Wolleeintärben verwendet. Für diesen **Holzflechtenkranz** *(Abb. 160)* fanden weisse Rentierflechten, Cladonia stellaris; Cladonia floerkeana mit roten Apothecien; orange Krustenflechte, Fulgensia; graue Blattflechten mit schwarzen Punkten, Umbilicaria; Isländisch Moos, Cetraria islandica; gelbe Wolfsflechte, Letharia vulpina; beiges Gemeines Katzenpfötchen, Antennaria dioica; Verwendung.

Werkvorgang: Aus verschiedenen kleineren Holz- und Rindenstücken wird die Kranzform, die einen Durchmesser von 38 cm aufweist, geklebt. Danach werden verschiedene Flechten und Moose zugeordnet *(Abb. 159)*.

Abb. 161

Abb. 163

Abb. 162

Die grau angewitterte Seite des Arven-
holzes war lange Zeit Sonne und Regen ausgesetzt. Die rostbraune Seite
war nach innen gewandt. Darum kann
man dieses Holz auch leicht wegbre-
chen. Mit den verschiedenen Stücken
wurde eine beinahe parallel verlaufen-
de **Collage aus altem, verwittertem
Holz** im Format 50×80 cm erreicht.
Auch wurde teilweise eine Höhe von
etwa 10 cm geklebt *(Abb. 161)*.

Die harzigen Äste widerstehen der
Verwitterung besonders lange. Sie las-

sen sich leicht aus dem morschen Holz lösen und reinigen. Zusammengesetzt lassen sich **eigenartige Figuren** bilden *(Abb. 162)*. Aststücke in Kombination mit Holzmoos, bildartig dargestellt, auf Jutehintergrund.

Auf Spanplatte aufgeklebt werden grau verwittertes Lärchenholz, Rindenröhren (nass vom Holz gelöst), Holzpilze, Fichtenporlinge, Sphagnum, Torfmoose, Bartflechten, Hundsflechten, Ramalina; graugrüne Flechten, Holzmoose. Die **rechteckige Collage «Kampfzone»** besteht mit Ausnahme der Holzpilze aus graubraun-grünen Werkstoffen mit unterschiedlichen Strukturen. Bei der Nahaufnahme kommen die «gewachsenen» Zusammenhänge und Artgleichheiten gut zur Geltung *(Abb. 163)*: Holz, Pilze, Algen, Moose. Alle diese Pflanzen sind unter anderem dazu da, wieder neue Erde zu bilden, um in der erdarmen «Kampfzone» weiteres Leben zu ermöglichen.

Variante zum gleichen Thema. Auf einem Lärchenholzabriss wurden «Fundstücke» nicht deckend, sondern frei gruppiert angebracht: elegante Wacholderwurzel, gepresster Farn, Polystichum lonchitis, Blattflechten, Umbilicaria, Rentierflechten, Wolfsflechte gelb, verwittertes Aststück *(Abb. 164)*.

Abb. 164

87

Abb. 166

Abb. 165

Die verdichtete Darstellung eines Biotops mit Rentierflechtenrasen, Holzmoosen, Ordenskissenmoos, Ästen und Holzstücken, die mit Wolfsflechten besetzt sind, Wurzeln, verwittertem Holz, alten und frischen Alpenrosenzweigen, Wacholder, Gräsern, Grauflechten, Everina prunastri und Föhrenzapfen ergibt die **Collage «Ein Stück Boden der oberen Waldgrenze»**. Sie ist im Format 80×40 cm erarbeitet *(Abb. 165)*.

Man sollte sich die Zeit nehmen, zu proben und zu experimentieren. Am besten setzt man seine Werkstoffe Stück für Stück zusammen, holt sich, was fehlt, lässt sich überraschen vom Finderglück. Darum ist der Fundort mit seinen Pflanzen und Blumen, den Gerüchen und Geräuschen auch die beste Inspiration, wie hier bei **Fundsachen auf Stein gelegt** *(Abb. 166)*. Zu Hause werden die Werkstoffe, welche geordnet in Säcklein mitgenommen wurden, getrocknet, gereinigt und zu einer Gestaltung verdichtet. Die Äste bilden ein Netz, in deren Maschen verschiedene Moose und Flechten eingeordnet werden. Rote und grüne Preiselbeerbüschchen setzen Akzente.

San-Bernardino-Passhöhe. Von den Gletschern ausgeschliffene baumlose Landschaft. Heimat unzähliger, im Frühsommer blühender Polstergewächse *(Abb. 168)*. Die Zwergstrauch-

Abb. 168

Abb. 167

bestände werden etwas tiefer durch
Alpenrosen und Föhren ergänzt
(Abb. 167).

Ich sammelte einige Pflanzen und Blu-
mentelle, wusste aber lange nicht, was
daraus werden sollte. An einem der
vielen moorigen Tümpel kam mir die
Idee, ein **Arrangement direkt ins Wasser zu ordnen**, einbezogen in die
grossartige Landschaft. Das rasch
wechselnde Wolkenbild spiegelte sich
im glatten Wasser. Einige grössere
Steine verbinden die drei Gruppen
Werkstoffe, sie schaffen gleichzeitig
Kontakt zum Ufer *(Abb. 169)*.

Abb. 169

Abb. 171

Abb. 172

Abb. 170

Kahl und schmucklos wie die Landschaft wirkt diese **Collage mit Fundsachen aus Gebieten über der Waldgrenze** *(Abb. 170)* in einer Höhe von 2 000 m über Meer. Als Basis wurden verschiedene Schieferplatten auf eine Spanplatte geklebt. Wacholderzweige und Wurzeln ergeben die Bewegung über die tragende Fläche der Steine, Moose, Flechten, Alpenrosenzweige. Ausschnitt mit Schiefer, Granit, Wacholder, Wurzeln, Zweigen, gelborange Krustenflechten auf Steinen, Acarospora; grosser Hundsflechte, Pel-

Abb. 173

tigera canina; Alpenrosenzweig, Rho-
dodendron ferrugineum *(Abb. 171)*.
Diese Aufnahme *(Abb. 172)* zeigt einen Ausschnitt mit Hundsflechte, Pel-
tigera canina; runder Flechtengruppe,
Cladonia; Polstermoosen, Dicranella;
Rhacomitrium, Amblystegium; Granit,
Schiefer und gedorrten Wacholder-
zweigen.

Gedorrter niederliegender Zwergwa-
cholder, Juniperus communis
alpina nana, auf 2 000 m über Meer
(Abb. 173). Schnee, Regen, Wind und
Sonne haben die bizarren Bewegungen ausgewaschen und grau ge-
bleicht. Eine der schönsten Bewe-
gungsformen zeigt diese Wacholderwurzel mit Grünzweigen und Beeren,
aus mehreren Teilen zusammengesetzt *(Abb. 174)*.

Abb. 174

FLECHTEN

Icmadophila ericetorum

Evernia prunastri (grau-schwarz)
Letharia vulpina (gelb)

Cladonia bacillaris

Ramalina fastigiata

Umbilicaria spadochroa

Parmelia scortea

Cladonia chlorophaea

Parmelia und Ramalina

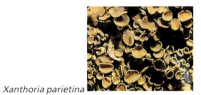
Xanthoria parietina

Mit diesen herbschönen Aufnahmen von verschiedenen Flechtenarten endet das Buch «Suchen, sammeln, gestalten». Ich wünsche Ihnen spannende Entdeckungen in der Natur, viele gute Ideen bei den Gestaltungen.

Im Rahmen der Weiterbildungstage 1990 des schweizerischen Berufsgärtner-Verbandes fand ein zweitägiger Kurs für dauerhaften Raumschmuck statt. Der Kursleiter, *Edwin Rohrer*, Florist und Dekorateur aus Solothurn, durfte zusammen mit einer stolzen Teilnehmerschar zwei äusserst fruchtbare Tage erleben.

Landschaft und Vegetation

Mit einer Diaschau und einer Eingangsdemonstration wurden die Teilnehmer(innen) in die Welt des Suchens und Sammelns eingeführt. Eindrückliche Bilder zeigten die Welt der natürlichen Ordnungen und Harmonien. «Gewöhnliche» Landschaftsausschnitte und ebensolches Pflanzenleben und -sterben wurden unter den tiefempfundenen Reflektionen des Kursleiters zum unerschöpflichen Quell gestalterischer Ideen! Wahrnehmungen und innere Voraussetzungen des schöpferischen Menschen sind immer individuell, doch bietet die Natur bei genauerem Hinsehen Gesetzmässigkeiten an, welche wir als ursprünglich wahr erkennen und auch in uns wiederfinden können. Wir werden in die Lage versetzt, «Zeichen zu setzen». Zeichen, die auch von anderen Menschen verstanden werden.

Collagen, Ornamente, Objekte ...

Zur Erarbeitung von Ausdrucksformen und Zeichen ist auch heute noch ein grosses Ideenreservoir vorhanden. Ornamente mit einfacher Symbolik, Medaillons, Kränzchen, aber auch freie Kreationen wie Collagen und Objekte wurden von Edwin Rohrer auf einleuchtende Art in Wort, Bild und Tat vorgestellt, und es dürfte manchem, der sich mit der sogenannt modernen Floristik verbunden fühlt, wohltuend aufgefallen sein, dass einheimische Materialien durchaus modern sein können und doch eben auch stark unserer «seelischen Heimat» entsprechen!

... und der Mensch

Ein paar «Chnebel» mit leichter Hand in den Bachsand gesteckt, ein Kreis von Tannenzapfen auf einem moosigen Stein – da war ein Mensch! Der zufällig vorübergehende Beobachter hält für einen Moment inne und macht sich seine Gedanken. Ein hübsch verziertes Medaillon an dunkler Haustür – da wohnen Menschen! Gestalt und Farbe wirken wie ein Gruss, eine Einladung oder eine Botschaft.

Handwerk

Bei allem und vor allem – solides sauberes Handwerk. Handwerk heisst *Ordnung, Sorgfalt und Sauberkeit!* Es wäre ja auch schade um die vielen schönen Materialien, wenn wir nicht durch sorgfältige Behandlung, Reinigung und durch sinnvolle Zuordnung dafür sorgen würden, dass sie im Werk ihre volle Schönheit präsentieren und zur Geltung bringen können (auch

Literaturhinweis

– Roger Phillips
   *Das Kosmosbuch der Gräser, Farne, Moose,
   Flechten*
   Franckh'sche Verlagshandlung, Stuttgart

– Martin Jahns
   *BLV Bestimmungsbuch – Farne, Moose, Flechten
   Mittel-, Nord- und Westeuropas*
   BLV-Verlagsgesellschaft München, Wien, Zürich

– *Symbole*
   Herder-Lexikon, Freiburg, Basel, Wien

– Madeleine und Edwin Rohrer
   Ornamentale Floristik 1986
   Frech-Verlag GmbH + Co., Druck KG Stuttgart

– Edwin Rohrer
   *Trockenblumen, Fruchtstände, Zapfen, Konife-
   ren, Zweige, Beeren, Früchte –
   328 Werkstoffe der Floristik*
   Eigenverlag Edwin Rohrer, Solothurn

– Jean-Denis Godet
   *Gehölzführer Bäume und Sträucher
   Sehen – Staunen – Bestimmen*
   Arboris-Verlag, Hinterkappelen

– Franz Kolbrand
   Europa windet den Kranz
   Frisinga-Verlag GmbH, Freising

   Walter Kümmerly
   Der Wald, Welt der Bäume – Bäume der Welt
   Kümmerly & Frey, Geographischer Verlag, Bern

wenn sie «nichts kosten»). Handwerk heisst aber auch Stabilität, Festigkeit und Fertigkeit: Sind Aufhänger vorhanden? Halten die Verbindungen? Ist die Arbeit fertig?

... etwas mit nach Hause nehmen!

«Ihr werdet morgen abend ganz bestimmt ...» Dieses Versprechen erfüllte sich in doppeltem Sinn! Edwin Rohrer konnte sich nicht über mangelnde Produktivität seiner Kursteilnehmer beklagen! Viele interessante Werke waren am Kursende für die Schlussbesprechung auf dem Tisch. Dies liess erahnen, dass da einiges in Gang gekommen sein musste. Eindrücklich stellten die Werke unter Beweis, dass unsere einheimische Natur eine enorme Vielfalt an Materialien und Möglichkeiten anbietet und dass diese überaus reiche Palette neben derjenigen exotischer Produkte keineswegs so dürftig aussieht, wie man dies weitherum glaubt.

Dieser Kurs hat, wie das vorliegende Buch, dank den engagierten und fundierten Ausführungen von Edwin Rohrer ohne Zweifel Impulse gegeben, die unserer – Hand aufs Herz – doch oftmals recht «abgehobenen», vielleicht gar oft leichtfertigen Floristik guttun könnten.

Chr. Scheidegger, Spiez